BEI GRIN MACHT SICH IH̶ WISSEN BEZAHLT

- Wir veröffentlichen Ihre Hausarbeit,
  Bachelor- und Masterarbeit

- Ihr eigenes eBook und Buch -
  weltweit in allen wichtigen Shops

- Verdienen Sie an jedem Verkauf

Jetzt bei www.GRIN.com hochladen
und kostenlos publizieren

Vera Vockerodt

Internetbasierte Beschaffungsanwendungen (E-Procurement)

GRIN Verlag

Bibliografische Information der Deutschen Nationalbibliothek:

Die Deutsche Bibliothek verzeichnet diese Publikation in der Deutschen National-
bibliografie; detaillierte bibliografische Daten sind im Internet über http://dnb.d-
nb.de/ abrufbar.

Impressum:

Copyright © 2001 GRIN Verlag GmbH
Druck und Bindung: Books on Demand GmbH, Norderstedt Germany
ISBN: 978-3-638-77101-6

GRIN - Your knowledge has value

Der GRIN Verlag publiziert seit 1998 wissenschaftliche Arbeiten von Studenten, Hochschullehrern und anderen Akademikern als eBook und gedrucktes Buch. Die Verlagswebsite www.grin.com ist die ideale Plattform zur Veröffentlichung von Hausarbeiten, Abschlussarbeiten, wissenschaftlichen Aufsätzen, Dissertationen und Fachbüchern.

Internetbasierte Beschaffungsanwendungen

(E-Procurement)

Hausarbeit für das Kolloquium Electronic Commerce

am Institut für Wirtschaftsinformatik der Universität Hannover

vorgelegt von

Vera Vockerodt

WS 2001/02

Hannover, 22. Oktober 2001

Inhalt

Abkürzungsverzeichnis

B2B	Business to Business
BME	Bundesverband Materialwirtschaft, Einkauf, Logistik
DPS	Desktop Purchasing System
ERP-System	Enterprise Resource Planning System
etc.	et cetera
ggf.	gegebenenfalls
i.d.R.	in der Regel
IT	Informationstechnologie
o. g.	oben genannte/n
OBI	open buying on the internet
u. U.	unter Umständen
WWW	world wide net
XML	Extended Markup Language
z. B.	zum Beispiel

Abbildungsverzeichnis

1 Einleitung

1.1 Trend der Internetökonomie[1]

Die Entwicklungen in der Internetökonomie auf der Basis neuer Informations- und Kommunikationstechnologien schreiten laufend voran. Durch die weltweite Vernetzung über das WWW verlieren Standortfaktoren zunehmend an Bedeutung, da Unternehmen durch ihre Websites globale Präsenz erlangen. Dies führt zum Abbau von Markteintrittsbarrieren und somit zu einer Verschärfung der Konkurrenzsituation auf den Märkten. Während die Markttransparenz durch weltweite Suchfunktionen und Vergleichsmöglichkeiten steigt, nimmt die Marktkomplexität durch neue Unternehmensformen, Produkte und Dienstleistungen extrem zu. Durch diese veränderten Bedingungen stehen Unternehmen neuen Herausforderungen gegenüber. Es eröffnen sich neue Mittel und Wege, Handel über das Internet in Form von E-Commerce zu betreiben. Dies umfasst im B2B-Bereich (d.h. Business to Business) nicht nur den Verkauf sondern auch die Beschaffung von Gütern mit Hilfe des WWW.

1.2 Grundlagen des E-Procurements

Das E-Procurement (auch eProcurement bzw. electronic Procurement) umfasst die „elektronische Beschaffung von Waren und Dienstleistungen mittels Internet-Technologie"[2]. Grundsätzlich können internetbasierte Systeme in allen Phasen des Beschaffungsprozesses eingegliedert werden. Dieser setzt sich i. d. R. aus den wie in Abbildung 1 dargestellten Prozessschritten zusammen:

Abbildung 1: Operativer Beschaffungsprozess[3]

Das Internet kann bereits vor der eigentlichen Bestellabwicklung unterstützend bei der Bedarfsermittlung und Lieferantenauswahl eingesetzt werden, da es weltweite

---

[1] Vgl.: WIRTZ, B. W.: Electronic Business. Wiesbaden 2000

[2] Vgl.: SCHÄFER, H., SCHÄFER, B.: Einkaufsdienstleistungen via Internet. Köln 2001, S. 167

[3] Vgl.: HARTMANN, D. R.: Wettbewerbsvorteile durch Electronic Procurement. In: BOGASCHEWSKY, R. (Hrsg.): Elektronischer Einkauf. Gernsbach 1999, S. 46

Suchmöglichkeiten und umfangreiche Informationsbestände bietet.[4] Dabei lässt sich E-Procurement für die Beschaffung sämtlicher Güter einsetzen, allerdings ist aufgrund der spezifischen Produkteigenschaften nicht jedes Gut in gleicher Weise für das E-Procurement geeignet. Anhand verschiedener Produkteigenschaften und Charakteristika lassen sich die zu beschaffenden Güter in A-, B- und C-Teile untergliedern. Abbildung 2 zeigt eine kostenorientierte Unterteilung in A-, B- und C-Teile.

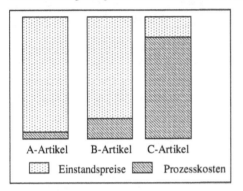

Abbildung 2: A-, B- und C-Güter[5]

A- und B-Teile zeichnen sich durch einen hohen Anteil am Beschaffungsvolumen aus und gehen direkt in die Produktion ein. Besonders A-Teile weisen einen großen strategischen Bezug und hohen Einzelbestellwert auf und bergen somit ein großes Kaufrisiko.[6] C-Teile zählen zum täglichen Bedarf, gehen aber nicht in die vom Unternehmen selbst hergestellten Endprodukte ein. Sie sind im wesentlichen durch hohe Bestellfrequenz, geringen Einzelwert, niedriges Beschaffungsrisiko und hohen Standardisierungsgrad gekennzeichnet.[7] Sie werden auch als indirekte oder MRO-Güter (Maintenance, Repair, Operating) bezeichnet.[8] Wie in Abbildung 2 dargestellt, übersteigen die Kosten der Beschaffung von C-Teilen oftmals den eigentlichen Einkaufspreis. Hieraus ergeben sich Einsparungspotenziale, die bisher unterschätzt wurden.

---

[4] Vgl.: BLOCK, C. H.: Professionell einkaufen mit dem Internet. München 2001, S. 82

[5] In Anlehnung an: HOHAUS, W.: Zehn vor zwölf für den Einkauf. http://www.competence-site.de (hohaus.pdf) Erstellt am 29.01.2001

[6] Vgl.: MÖHRSTÄDT, D. G.; BOGNER, P., PAXIAN, S.: Electronic Procurement. Stuttgart 2001, S. 12

[7] Vgl.: ebenda S. 10

[8] Vgl.: DOLMETSCH, R.: eProcurement. München 2000, S. 9

1.3 Einsatzmöglichkeiten des E-Procurements

In der Praxis haben sich folgende drei Modelle des E-Procurements herausgebildet:

- Sell-Side-Catalogues
- Buy-Side-Catalogues
- Elektronische Marktplätze[9]

Wie in Abbildung 3 dargestellt lassen sich Sell-Side- und Buy-Side-Catalogues (hier zusammengefasst zu katalogorientierten Beschaffungssystemen) in erster Linie für C-Teile einsetzen. Einsparpotenziale liegen hier hauptsächlich in der Verkürzung bzw. Optimierung der Prozesskette und damit in der Reduzierung von Prozesskosten. Bei A- und B-Teilen liegt das Einsparpotenzial durch E-Procurement im wesentlichen in der Reduzierung der Einkaufspreise. Durch die erhöhte Markttransparenz auf elektronischen Marktplätzen können durch Internetauktionen und Ausschreibungen im Internet ggf. Einstandspreise gesenkt werden.[10]

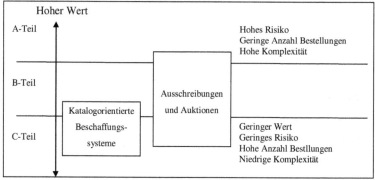

Abbildung 3: Einsatz des Electronic Procurement[11]

In der Praxis wird bislang vorrangig die Beschaffung von C-Teilen über elektronische Katalogsysteme eingesetzt.[12] Im weiteren werden zunächst sämtliche drei Modelle des E-Procurements vorgestellt, wobei der Schwerpunkt auf dem eigentlichen Bestellvorgang liegt. Die vorausgehende Informationssuche im Internet wird nicht betrachtet. Im Anschluss daran werden detailliert katalogbasierte E-Procurementlösungen für die C-Teile-Beschaffung untersucht.

---

[9] Vgl.: STRAUSS, R. E.: e-Business. http://www.competence-site.de (kurs_e-business_rs.pdf) Erstellt am 27.07.2001

[10] Vgl.: MÖHRSTÄDT, D. G.; BOGNER, P., PAXIAN, S.: Electronic Procurement. Stuttgart 2001, S. 12

[11] In Anlehnung an: ZARNEKOW, R.: Electronic Procurement. http://www.competence-site.de (imtc.pdf) Erstellt am 09.04.2001

2 Ausprägungen von E-Procurementlösungen

2.1 Sell-Side-Catalogues

Ein Sell-Side-Catalogue ist ein elektronischer Produktkatalog, der von Lieferanten (Anbieter) über das Internet in einem sogenannten Shop-System angeboten wird. Wie in Abbildung 4 dargestellt, greifen verschiedene Unternehmen (Abnehmer) auf die Katalogdaten über das Internet zu. In der Praxis erfolgt der Zugriff für Geschäftskunden oftmals über ein Extranet.[13] Die Pflege und Speicherung der Katalogdaten liegt in der Verantwortung des Lieferanten.

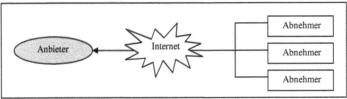

Abbildung 4: Anbieterorientiertes Modell[14]

Diese „Shop-Systeme sind Anwendungen, die es dem Bedarfsträger im beschaffenden Unternehmen erlauben, elektronische Produktkataloge einzelner Anbieter zu durchsuchen [...] [und] Bestellungen beim Anbieter elektronisch zu platzieren."[15] Neben meist umfangreichen Suchfunktionen bieten einige Lieferanten zusätzliche Servicefunktionen an wie z.B. die Abfrage der Bestellhistorie oder des Auftragsstatus.[16] Die Mitarbeiter der beschaffenden Unternehmen melden sich mit Benutzerkennung und Passwort im Lieferantenkatalog an und erhalten so Zugriff auf individuelle Einstellungen wie z.B. durch Rahmenverträge vereinbarte Preise.[17] Die Grundüberlegung dabei ist, dass nicht der zentrale Einkauf die benötigte Ware bestellt, sondern der dezentrale Bedarfsträger selbst.[18]

---

[12] o. V. Europas Manager beschaffen online. http://www.ecin.de/news/2001/08/03/02605/ Version vom 03.08.2001

[13] Vgl.: ZARNEKOW, R.: Electronic Procurement. http://www.competence-site.de (imtc.pdf) Erstellt am 09.04.2001

[14] In Anlehnung an: STRAUSS, R. E.: e-Business. http://www.competence-site.de (kurs_e-business_rs.pdf) Erstellt am 27.07.2001

[15] Vgl.: DOLMETSCH, R.: eProcurement. München 2000, S. 140

[16] ebenda: S. 141

[17] Vgl.: RENNER, T.: Produktkataloge und der BMEcat-Standard. In: BOGASCHEWSKY, R. (Hrsg.): Elektronischer Einkauf. Gernsbach 1999, S. 120f.

2.2   Buy-Side-Catalogues

Im käuferorientierten Modell ist nicht der Lieferant (Anbieter) sondern das beschaffende Unternehmen (Abnehmer) Verwalter der elektronischen Kataloge (Buy-Side-
Catalogues). Diese werden wie in Abbildung 6 dargestellt in das unternehmensin-
terne Intranet des beschaffenden Unternehmens aus dem Internet heruntergeladen
und dort gespeichert. Vielfach wird ein Desktop Purchasing System (kurz: DPS)
angeschafft, das die Kataloge in die unternehmensinternen ERP-Systeme (Enterpri-
se Ressource Planning) implementiert.[19]

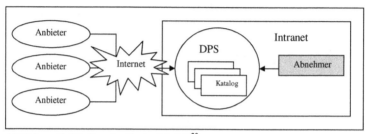

Abbildung 5: Käuferorientiertes Modell[20]

Ein komplexes DPS ist eine spezielle Software, die Produktkataloge, ERP-Systeme,
Internet und Intranet miteinander verknüpft. Nach der Anpassung an die bereits
vorhandenen ERP-Systeme, ermöglichen Desktop Purchasing Systeme „dem Be-
nutzer unter einer einheitlichen Benutzeroberfläche den Zugriff auf alle relevanten
Produkt- und Anbieterinformationen und integrieren die angebotene Bestellfunktio-
nalität mit den Funktionen und Daten von diversen betrieblichen [...] ERP-
Systemen."[21] Dabei werden die Katalogdaten ausgewählter Lieferanten zusammengefasst. Eine solche Zusammenfassung von verschiedenen Lieferantenkatalogen
wird als Multi-Supplier-Catalogue bzw. Multilieferantenkatalog bezeichnet.[22]

Wie auch bei dem anbieterorientierten Modell wird dabei der Beschaffungsprozess
dezentralisiert und auf die einzelnen Bedarfsträger übertragen, die selbst die Bestellungen im DPS vornehmen.

---

[18] DÖRFLEIN, M.; THOME, R: Electronic Procurement. In: THOME, R.; SCHINZER, H.: Electronic Commerce, 2.Aufl. München 1997 S. 55 f.

[19] Vgl.: STRAUSS, R. E.: e-Business. http://www.competence-site.de (kurs_e-business_rs.pdf) Erstellt am
27.07.2001

[20] In Anlehnung an: ebenda

[21] Vgl.: DOLMETSCH, R.: eProcurement. München 2000, S. 152

[22] Vgl.: SCHÄFER, H.; SCHÄFER, B.: Einkaufsdienstleistungen via Internet. Köln 2001, S. 77 f.

2.3 Elektronische Marktplätze

Auf einem elektronischen Marktplatz (auch E-Hub) treffen Lieferanten (Anbieter) und beschaffende Unternehmen (Abnehmer) aufeinander.

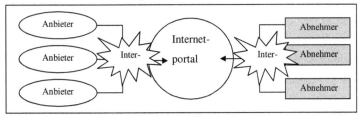

Abbildung 6: Elektronischer Marktplatz[23]

Wie in Abbildung 7 dargestellt verwaltet ein Intermediär auf seinem Internetportal (Marktplatz) elektronische Produktkataloge verschiedener Lieferanten unter einer einheitlichen Oberfläche, auf die beschaffende Unternehmen zugreifen können.[24] Die angebotenen Marktplätze im Internet werden i. d. R. in vertikale und horizontale Markplätze unterschieden. Während auf vertikalen Marktplätzen Unternehmen der gleichen Branche vertreten sind, treten auf horizontalen Marktplätzen branchenübergreifende Unternehmen auf.[25] Viele Intermediäre bzw. Portalbetreiber berechnen Beiträge für die Nutzung ihrer Dienstleistungen.

Darüber hinaus werden im Internet Auktions- und Ausschreibungsmarktplätze angeboten, auf denen eine dynamische Preisfindung stattfindet.[26] Internetauktionen „werden besonders auch dann durchgeführt, wenn der Wert eines Produktes auf dem Markt nicht einfach zu bestimmen ist."[27] Um neue Lieferanten zu entdecken, bieten sich Ausschreibungen (z. B. für spezifische Produkte) im Internet an. Einige Intermediäre bieten Ausschreibungen und Auktionen zusätzlich zu den o. g. Multilieferantenkatalogen auf ihrem Marktplatz an.

---

[23] Vgl.: STRAUSS, R. E.: e-Business. http://www.competence-site.de (kurs_e-business_rs.pdf) Erstellt am 27.07.2001

[24] Vgl.: GEBAUER, J.; RAUPP, M.: Zwischenbetriebliche elektronische Katalogsysteme. http://www.competence-site.de (Electronic_Catalogs.pdf) Version vom 24.01.2001

[25] Vgl.: o.V.: Beschaffung der Zukunft. http://www.competence-site.de (beschaffung_zukunft.pdf) Erstellt am 27.02.2001

[26] Vgl.: STRAUSS, R. E.: e-Business. http://www.competence-site.de (kurs_e-business_rs.pdf) Erstellt am 27.07.2001

[27] BLOCK, C. H.: Professionell einkaufen mit dem Internet. München 2001, S. 59

3 Herausforderungen und Chancen des E-Procurements

3.1 Vor- und Nachteile der verschiedenen Lösungen

E-Procurement umfasst im Bereich der C-Teile-Beschaffung drei entscheidende Potenziale: Qualitätssteigerung, Zeitersparnis und Kostensenkung. Ziel ist, neben Senkung der Einstandspreise durch die Optimierung des Beschaffungsprozesses Zeitersparnisse zu generieren, die sowohl zu verringerten Prozesskosten als auch zu Qualitätssteigerungen durch verbesserte Güterversorgung führen. Um diese Potenziale möglichst effizient auszuschöpfen, müssen Vor- und Nachteile der verschiedenen E-Procurementlösungen gegeneinander abgewogen werden.[28]

Für Zeit- und Kostenersparnisse durch eine Optimierung des Beschaffungsprozesses bietet die Anschaffung eines DPS den entscheidenden Vorteil: die Integration der elektronischen Lieferantenkataloge in die Geschäftsprozesse des beschaffenden Unternehmens vermeidet Redundanzen in den Prozessschritten. Zudem wird der gesamte Beschaffungsprozess mit einheitlichem Datenbestand unter einheitlicher Oberfläche geführt, was erhebliche Auswertungsvereinfachung bietet. Dem Integrationsvorteil sind jedoch die umfangreichen zeit- und arbeitsintensiven Vorbereitungen und die nicht unerheblichen Kosten einer DPS-Software gegenüberzustellen. Außerdem muss das beschaffende Unternehmen Mitarbeiter für das arbeitsintensive Contentmanagement (Pflege der Katalogdaten) ausbilden und abstellen.[29]

Dagegen bieten Sell-Side-Lösungen den Vorteil, dass sie mit geringem Aufwand einzuführen und zu nutzen sind. Außer einem Internetzugang wird keine Soft- oder Hardware benötigt. Darüber hinaus ist die Nutzung von Sell-Side-Catalogues üblicherweise unentgeltlich. Zwar ist eine Implementierung in die Geschäftsprozesse nicht möglich, aber die Produktsuche und Auswahl per Mausklick in stets aktuellen elektronischen Katalogen vereinfacht die Bestellung dennoch. Aufgrund dieser einfachen Handhabung und Kostengünstigkeit bieten Sell-Side-Catalogues daher Vorteile für kleinere Unternehmen oder solche, die den Einstieg in das E-Procurement suchen.[30]

---

[28] Vgl.: o. V.: eProcurement – Im Einkauf steckt der Gewinn. http://www.competence-site.de (schoencompany.pdf) Version vom 26.03.2001

[29] Vgl.: DOLMETSCH, R.: eProcurement. München 2000, S. 193 ff.

[30] Vgl.: o. V.: eProcurement – Im Einkauf steckt der Gewinn. http://www.competence-site.de (schoencompany.pdf) Version vom 26.03.2001

Hauptvorteil einer Intermediär-Lösung stellt die Marktübersicht über verschiedene Lieferanten dar. Hier können Preisvorteile durch Lieferantenvergleiche erzielt werden, welche allerdings bedingt durch die Geringfügigkeit der einzelnen Bestellwerte von C-Teilen kaum nennenswerte Ersparnisse erbringen werden, zumal diese den Gebühren des Intermediärs gegenüber zu stellen sind.

3.2   Dezentralisierung des Einkaufs

Bei traditionellen Beschaffungsprozessen wie unter 1.2 dargestellt belaufen sich die Kosten der Beschaffung laut einer Studie von Forrester auf über 150 DM, was in starkem Missverhältnis zu dem sehr geringen Einkaufswert der bestellten Güter steht. Um diese Prozesskosten zu senken, soll durch den Einsatz von elektronischen Produktkatalogen der Beschaffungsprozess verkürzt und im Idealfall optimiert werden. Im Rahmen einer Dezentralisierung wird die Beschaffung von dem Einkäufer direkt auf den Bedarfsträger übertragen. Damit wird die Einkaufsabteilung von operativen Routinetätigkeiten entlastet und kann sich strategischen Aufgaben wie z.b. der Aushandlung neuer Rahmenverträge verstärkt widmen.[31]

Werden elektronische Produktkataloge (in Form eines Sell-Side oder Buy-Side-Catalogues) zur Beschaffung eingesetzt, verkürzt sich die unter 1.2 genannte Prozesskette im Optimum wie folgt:

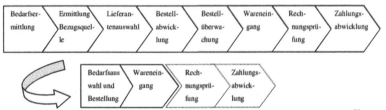

Abbildung 7: Verkürzung des Beschaffungsprozesses durch E-Procurement[32]

Die Produktauswahl (Bedarfsermittlung) wird durch die meist übersichtliche hierarchische Gliederung des Produktkataloges und einfache Suchmechanismen beschleunigt und vereinfacht. Die Bezugsquellenermittlung und Lieferantenauswahl ist entweder durch die Auswahl im Multilieferantenkatalog oder durch den Zugang zu ausgewählten Lieferantenportalen beschränkt. Hierbei sollten nach Möglichkeit nur Lieferanten genutzt werden, mit denen Rahmenverträge bestehen. Bei der Ein-

---

[31] Vgl.: SCHINZER, H. D.: Beschaffung über das Internet. http://www.competence-site.de (schinzer.pdf)
Erstellt am 06.10.2000

[32] Quelle: eigene Darstellung

führung von E-Procurement wird oftmals die in der Praxis meistens sehr hohe Lieferantenanzahl verringert und zusätzlich Maverick-Buying[33] (d.h. Umgehung des strategischen Einkaufs und Beschaffung bei Lieferanten ohne Rahmenverträge) vermieden.

Die eigentliche Bestellabwicklung wird durch direktes Auswählen aus dem Katalog und Absenden der Daten an den Lieferanten erheblich vereinfacht. Eine Überwachung des Bestellstatus entfällt bei Einsatz eines DPS, da diese Funktion von dem DPS automatisch übernommen wird. Ebenso kann die Rechnungsprüfung und Zahlungsabwicklung bei verschiedenen Zahlungsmethoden (siehe Punkt 3.7) entfallen.[34]

Entscheidend dabei ist nicht nur der Wegfall einzelner Schritte sondern auch die Konzentration der verbleibenden Prozessschritte auf eine bzw. wenige Personen. Waren im herkömmlichen Beschaffungsprozess Mitarbeiter verschiedener Abteilungen in den Beschaffungsprozess eingebunden, so führt bei einer E-Procurementlösung der einzelne Bedarfsträger sämtliche Schritte selbst durch.

3.3   Betriebliche Organisation

„Die Auswirkungen eines E-Procurement Projektes gehen [...] weit über die bloße Einführung einer Software-Lösung hinaus. Im Kern bedeutet die Umsetzung von E-Procurement eine tiefgreifende Restrukturierung der Beschaffungsprozesse, deren erfolgreiche Umsetzung eine integrierte Veränderung der Prozesse, der Organisation, der IT und nicht zuletzt die umfassende Einbindung der Mitarbeiter erfordert."[35] Die Dezentralisierung bringt personelle Veränderungen mit sich, die bei Mitarbeitern zu Widerständen führen kann. Mitarbeiter, die zukünftig Bestellungen selbst durchführen sollen, stehen u. U. sowohl neuen Medien (Internet, Intranet, DPS etc.) als auch neuen Aufgaben und Verantwortungen gegenüber. Unsicherheit durch mangelnde Kompetenz und Akzeptanz der neuen Aufgaben muss bereits im Vorfeld begegnet werden.[36]

---

[33] Vgl.: SCHENK, B.: Diplomarbeit zum Thema: Chancen und Risiken eines C-Teile Managements mittels e-Procurement. Mannheim 2000, S. 56

[34] Vgl.: o. V.: Benchmarking eProcurement. http://www.competence-site.de (Benchmarking.pdf) Erstellt am 26.06.2001

[35] Vgl.: o. V.: E-Procurement – Worum geht es. http://www.competence-site.de (diebold_eprocurement.pdf) Erstellt am 06.09.2000

[36] Vgl.: THOME, R.; SCHINZER, H.: Electronic Commerce. 2. Auflage, München 1997 S. 66

3.4   Berechtigungskonzept

Durch die Neustrukturierung der Organisation und die veränderte Verteilung von Aufgaben und Verantwortungen müssen herkömmliche Berechtigungskonzepte und Genehmigungsverfahren von Bestellungen überarbeitet werden. Im allgemeinen verfügen DPS über die Funktion der Berechtigungsverwaltung, die z. B. dem berechtigten Nutzer einen Maximalbestellwert pro Artikel, ein beschränktes Budget oder ein Limit auf Zeitbasis zuordnet.[37]

Unternehmen, die Sell-Side-Catalogues nutzen, können ihre herkömmlichen Berechtigungskonzepte nicht auf das E-Procurementsystem übertragen, da dies i. d. R. vom Lieferanten nicht angeboten wird. Es ist allerdings zu überdenken, ob bestehende Genehmigungsverfahren bei der E-Procurementlösung noch notwendig sind oder ob sie den Beschaffungsprozess unnötig verkomplizieren. Entfallen Genehmigungsverfahren ganz, kann trotz der Transparenz der Bestellvorgänge die Gefahr bestehen, dass Mitarbeiter ihre neuen Kompetenzen für private Zwecke ausnutzen.

3.5   Schnittstellenproblematik[38]

Neben der Notwendigkeit, dass sowohl bei Lieferanten als auch bei den beschaffenden Unternehmen die benötigten technischen Voraussetzungen in Bezug auf Hard- und Software erfüllt sind, müssen eventuelle mögliche Schnittstellen zwischen verschiedenen miteinander kommunizierenden Systemen beachtet werden.

Bei Sell-Side-Catalogues erfolgt keine Implementierung des Bestellsystems in die IT-Umgebung des beschaffenden Unternehmens, wodurch Medienbrüche entstehen, die zu doppelten manuellen Dateneingaben führen. Durch die Implementierung eines DPS in bestehende Systeme werden einerseits Mehrfacheingaben verhindert, andererseits entstehen diverse Schnittstellen, die bei Datenübertragungen zu Komplikationen führen können. So müssen beispielsweise das Internet (Browser), das Intranet, das Extranet des Lieferanten, Warenwirtschaftssysteme oder ganze ERP-Systeme mit dem DPS verbunden werden. Es wird deutlich, dass eine Vielzahl von Schnittstellen entsteht, die den reibungslosen Datentransfer gewährleisten müssen. Die Kompatibilität der bestehenden IT-Systeme mit der Software des DPS muss eingehend geprüft werden.

---

[37] Vgl.: MÖHRSTÄDT, D. G.; BOGNER, P., PAXIAN, S.: Electronic Procurement. Stuttgart 2001. S. 90
[38] Vgl.: ebenda S.107 f.

3.6   Katalogstandard

Bei der Nutzung von Multilieferantenkatalogen wird ein einheitlicher Standard für die Katalogdaten benötigt. Bislang existieren ca. 160 unterschiedliche Katalogsprachen im Internet. Der Bundesverband Materialwirtschaft, Einkauf und Logistik (BME) hat mit dem BMEcat einen XML-basierten Standard entwickelt, der die einfache Übernahme von Katalogdaten aus unterschiedlichen Formaten sicherstellen soll.[39]

Lieferanten, die eine Sell-Side-Lösung anbieten arbeiten hauptsächlich mit dem sogenannten OBI-Standard (Open Buying on the Internet). „Der OBI-Standard gibt [...] technische Standards und Dokumentformate vor. Die Unternehmen kümmern sich lediglich um die strategische Ausgestaltung der Geschäftsbeziehung, nicht aber um die technischen Details der Kommunikation und Integration."[40]

3.7   Zahlungsverkehr

3.7.1   Gutschriftverfahren

Neben herkömmlichen Zahlungsmethoden wie Kreditkarten, Zahlung per Rechnung etc. werden in der Praxis für die internetbasierte Beschaffung überwiegend das Gutschriftverfahren und die Purchasing Card verwendet. Das Gutschriftverfahren basiert auf einer vertrauensvollen Beziehung zwischen beschaffendem Untenehmen und Lieferant. Alle bestellten Waren, die weder als „nicht geliefert" noch als „falsch geliefert" reklamiert wurden, werden nach Ablauf einer Frist als geliefert angenommen und zu einem voreingestellten Zeitpunkt bezahlt. Es wird keine Rechnung verschickt. Die Rechnungskontrolle wird bei diesem Verfahren auf den Lieferanten verlagert, der am korrekten Ausgleich seiner Forderungen ein großes Interesse hat. In Kombination mit einem DPS entsteht durch das Gutschriftverfahren eine erhebliche Verfahrensvereinfachung und damit Zeitersparnis und Verringerung des Personalbedarfs. Allerdings muss die Ware in der Wareneingangskontrolle gründlich auf Fehler überprüft werden, da die Zahlung automatisch ausgelöst wird.[41]

---

[39] Vgl.: SCHÄFER, H., SCHÄFER, B.: Einkaufsdienstleistungen via Internet. Köln 2001, S. 64

[40] Vgl.: DOLMETSCH, R.: eProcurement. München 2000, S. 162

[41] Vgl.: MÖHRSTÄDT, D. G.; BOGNER, P., PAXIAN, S.: Electronic Procurement. Stuttgart 2001, S. 135 f.

3.7.2 Purchasing Card

Die Purchasing Card funktioniert ähnlich wie eine Kreditkarte. Sie stellt eine Nummer dar, die nur innerhalb des E-Procurementsystems verwendet werden kann und somit Medienbrüche verhindert. Mitarbeiter können diese Nummer, die mit den gleichen Zahlungsfunktionen wie eine Kreditkarte ausgestattet ist, zum Einkauf im Internet verwenden. Notwendig ist dazu ein kartenausgebendes Institut (Hausbank) und Lieferanten, die einen Vertrag mit dem Karten-Prozessor schließen. Die Abrechnung erfolgt über eine monatliche Sammelrechnung über alle Lieferanten und alle Besteller. Sofern Genehmigungsverfahren in dem beschaffenden Unternehmen existieren, ist eine Budgetierung oder Limitierung der Karten (Nummern) sinnvoll. Dem Vorteil der regelmäßigen Zahlung stehen allerdings Gebühren für den Lieferanten gegenüber. Außerdem muss der Lieferant notwendige Hard- und Software für die Abwicklung der Zahlungen beschaffen.[42]

4   Beurteilung und Ausblick

E-Procurement bietet für die Zukunft ein großes Entwicklungspotenzial. Allerdings sind große Unternehmen durch finanzielle Mittel und großes Know-how kleinen und mittelständischen Unternehmen im Vorteil. Durch diesen ausbaufähigen Entwicklungsvorsprung werden Markteintrittsbarrieren für kleinere Unternehmen verstärkt. Die Entwicklungen sind momentan noch schleppend, was zum einen an noch immer fehlenden Katalogstandards und am stets vorherrschenden Misstrauen bezüglich der Datensicherheit im Internet zusammenhängt. Ein großes Hindernis in der Praxis ist oftmals, dass bestehende Lieferantenbeziehungen noch nicht internetfähig sind, so dass lediglich Teillösungen eingeführt werden können.

Entsprechend einer Studie der Meta Group setzen ca. 13 Prozent der befragten 400 Unternehmen bereits eine E-Procurement-Lösung ein, weitere fünf Prozent befinden sich in der Implementierungsphase und rund 20 Prozent ziehen die Einführung einer elektronischen Beschaffung in Betracht, wobei sich besonders große Unternehmen sehr innovationsfreudig zeigen. Allerdings haben 62 Prozent der befragten Unternehmen bisher kein E-Procurement geplant.[43]

---

[42] Vgl.: MÖHRSTÄDT, D. G.; BOGNER, P., PAXIAN, S.: Electronic Procurement. Stuttgart 2001, S. 133 f.

[43] Quelle: o. V.: E-Procurement auf dem Vormarsch. In: Computerwoche Nr. 40 (2001) S. 68

Literaturverzeichnis

BLOCK, C. H.: Professionell einkaufen mit dem Internet. München 2001

BOGASCHEWSKY, R.: Elektronischer Einkauf. Gernsbach 1999

DOLMETSCH, R.: eProcurement. München 2000

DÖRFLEIN, M.; THOME, R: Electronic Procurement. In: THOME, R.; SCHIN-
ZER, H.: Electronic Commerce, 2.Aufl. München 1997

GEBAUER, J.; RAUPP, M.: Zwischenbetriebliche elektronische Katalogsysteme.
http://www.competence-site.de (Electronic_Catalogs.pdf) Version vom
24.01.2001

HARTMANN, D. R.: Wettbewerbsvorteile durch Electronic Procurement. In: BO-
GASCHEWSKY, R. (Hrsg.): Elektronischer Einkauf. Gernsbach 1999

HOHAUS, W.: Zehn vor zwölf für den Einkauf. Diebold Management Report Nr.
10/11-99. http://www.competence-site.de (hohaus.pdf) Erstellt am
29.01.2001

MÖHRSTÄDT, D. G.; BOGNER, P., PAXIAN, S.: Electronic Procurement. Stuttgart 2001

o. V. Europas Manager beschaffen online,
http://www.ecin.de/news/2001/08/03/02605 Version vom 03.08.2001

o. V.: Benchmarking eProcurement. http://www.competence-site.de (Benchmar-
king.pdf) Erstellt am 26.06.2001

o. V.: eProcurement – Im Einkauf steckt der Gewinn. http://www.competence-
site.de (schoencompany.pdf) Version vom 26.03.2001

o. V.: E-Procurement – Worum geht es. http://www.competence-site.de (die-
bold_eprocurement.pdf) Erstellt am 06.09.2000

o.V.: Beschaffung der Zukunft. http://www.competence-site.de (beschaf-
fung_zukunft.pdf)) Erstellt am 27.02.2001

o. V.: E-Procurement auf dem Vormarsch. In: Computerwoche Nr. 40 (2001)

RENNER, T.: Produktkataloge und der BMEcat-Standard in: BOGASCHEWSKY,
R. (Hrsg.): Elektronischer Einkauf. Gernsbach 1999

SCHÄFER, H., SCHÄFER, B.: Einkaufsdienstleistungen via Internet. Köln 2001

SCHENK, B.: Diplomarbeit zum Thema: Chancen und Risiken eines C-Teile Managements mittels e-Procurement. Mannheim 2000

SCHINZER, H. D.: Beschaffung über das Internet. http://www.competence-site.de
(schinzer.pdf) Erstellt am 06.10.2000

STRAUSS, R. E.: e-Business. http://www.competence-site.de (Kurs_e-
    business_rs.pdf)) Erstellt am 27.07.2001

THOME, R.; SCHINZER, H.: Electronic Commerce. 2. Auflage, München 1997

WIRTZ, B. W.: Electronic Business. Wiesbaden 2000

ZARNEKOW, R.: Electronic Procurement. http://www.competence-site.de
    (imtc.pdf) Erstellt am 09.04.2001